AF349655

VENTE

du Lundi 9 Décembre 1907

HOTEL DROUOT — SALLE N° 13

A DEUX HEURES

COLLECTION X***

Curiosités Militaires

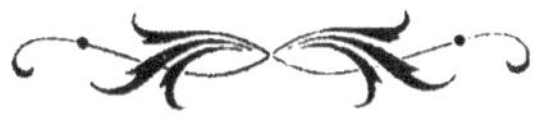

<table>
<tr><td>COMMISSAIRE-PRISEUR :
Me V. TERNISIEN
10, Rue de Chantilly. 10
PARIS</td><td>EXPERT :
M. G. COURTOIS
51, Boulevard Lefebvre, 51
PARIS</td></tr>
</table>

EXPOSITION PUBLIQUE

Le Dimanche 8 Décembre 1907 de 2 à 6 heures

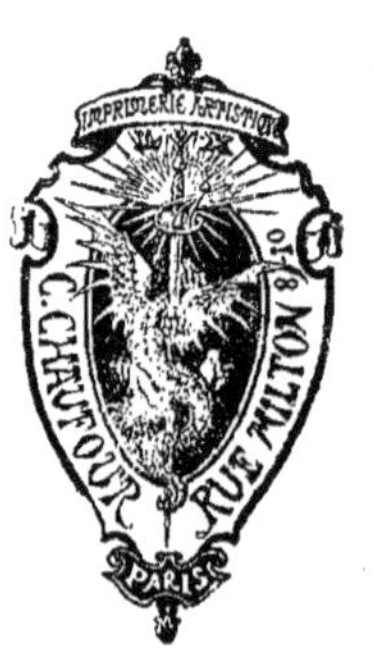

CATALOGUE

DES

CURIOSITÉS MILITAIRES

de la Garde du Second Empire

CONSISTANT EN

ARMES

CASQUES — CUIRASSES

COIFFURES

SABRETACHES — GIBERNES

TAMBOURS

Epaulettes — Passementeries

BUFFLETERIE — CUIVRERIE — DOCUMENTS

MANNEQUINS COSTUMÉS

OBJETS DIVERS

AYANT FIGURÉ EN PARTIE AUX EXPOSITIONS UNIVERSELLES DE PARIS
EN 1855, 1867, 1889 ET 1900

Composant la collection de M. X***

ET DONT LA VENTE AUX ENCHÈRES PUBLIQUES AURA LIEU

HOTEL DROUOT — SALLE N° 13

Le Lundi 9 Décembre 1907

A DEUX HEURES

COMMISSAIRE-PRISEUR :	M. G. COURTOIS
Me V. TERNISIEN	EXPERT :
10, Rue de Chantilly, 10	*51, Boulevard Lefebvre, 51*
PARIS	**PARIS**

Chez lesquels se distribue le présent Catalogue

EXPOSITION PUBLIQUE

Le Dimanche 8 Décembre 1907 de 2 à 6 heures

CONDITIONS DE LA VENTE

La vente sera faite au comptant.

Les acquéreurs paieront *dix pour cent* en sus des enchères.

L'Exposition mettant le public à même de se rendre compte des objets, aucune réclamation ne sera admise une fois l'adjudication prononcée.

DÉSIGNATION

ARMES

1 — Cinq haches de différentes époques.

2 — Épée de cour en argent, doré en partie, à facettes avec son étui en galuchat blanc, et garnitures du fourreau, XVIIIe siècle.

3 — Sabre d'Officier, garde Impériale. Premier Empire.

4 — Epée de Cent Gardes.

5 — Sabre de Cent Gardes.

6 — Fusil de Cent Gardes. Treuil de Beaulieu avec latte.

7 — Latte de Cent Gardes.

8 — Épée d'Officier de la Garde.

9 — Sabre de Tambour-major. Second Empire.

10 — Fusil dit de Dragons de l'Impératrice. Second Empire.

11 — Carabine de Versailles.

12 — Sabres par lots.

13 — Épées par lots.

14 — Fusils par lots.

15 — Pistolets divers.

16 — Revolver à neuf coups.

17 — Boîte de pistolets de combat

18 — Dix-neuf sabres diverses époques.

19 — Vingt-et-une épées.

20 — Épée d'Officier de la Garde.

21 — Trois couteaux de chasse richement ciselés et gravés
or et argent en réserve, pièces ayant été exposées.

22 — Huit lames damas.

23 — Deux grands poignards artistiques avec fourreau,
pièces d'exposition.

24 — Sept autres poignards plus petits.

25 — Armes omises. Épées.

COIFFURES. CASQUES. CUIRASSES

26 — Deux Casques de Cent Gardes, dont un avec plumet.

27 — Bonnet de police de Cent Gardes.

28 — Cuirasse de Cent Gardes, avec matelassure.

29 — Casque de Carabiniers. Second Empire.

30 -- Cuirasse de Carabiniers. Second Empire.

31 — Casque de Cuirassiers de la Garde. Second Empire.

32 — Cuirasse de Cuirassiers de la Garde. Second Empire.

33 — Cuirasse de Cuirassiers de ligne.

34 — Casque d'Officier de Dragons de la Garde. Second Empire.

35 — Casque d'Officier de Dragons, 1865.

36 - Casque de Dragons, troupe, 1865.

37 — Casques de différentes armes par lots.

38 — Deux schapskas de Lanciers de la Garde. Second Empire.

39 - Schako de Voltigeurs, Infanterie de ligne. Second Empire.

40 — Schapska d'Officier du 8e Lanciers.

41 — Schako du train.

42 — Bonnet à poil de Grenadiers de la Garde. Second
Empire.

43 — Casque d'Officier de Cuirassiers de la Garde. Second
Empire.

44 — Talpack d'Artillerie à cheval de la Garde. Second
Empire.

45 — Colback de Guides, garde Impériale. Second Empire.

46 — Schako de Voltigeurs de la Garde. Second Empire.

47 — Bonnet de police de Chasseurs de la Garde. Second
Empire.

48 — Coiffures diverses.

49 — Colback d'Officier de Chasseurs de la Garde. Second
Empire.

50 — Colback de troupe, Chasseurs de la Garde.

5 — Cinq paires de cuirasses de Cuirassiers de ligne.
Second Empire.

52 — Lots de coiffures différentes époques.

53 — Casques de pompiers différentes époques.

54 — Casques de Gardes de Paris.

55 — Coiffures omises.

56 — Casques omis.

57 — Cuirasses omises.

SABRETACHES

58 — Sabretache avec ceinturon, troupe, Artillerie de la Garde. Second Empire.

59 — Une autre sans ceinturon.

60 — Sabretache avec gaîne, ceinturon et dragonne, troupe, Guides de la Garde. Second Empire.

61 — Sabretache d'Officier des Guides de la Garde. Second Empire.

62 — Sabretache de Chasseurs de la Garde, 1860, grande tenue.

63 — Sabretache de Hussards, 1855.

64 — Lot de sabretaches.

65 — Sabretaches omises.

GIBERNES

66 — Giberne et banderole, Officier de Lanciers de la Garde, grande tenue.

67 – Giberne et banderole, Officier des Guides, grande tenue. Second Empire.

68 — Deux gibernes et banderoles de Guides, troupe.

69 — Giberne et banderole de Cent-Gardes.

70 — Giberne et banderole de Cuirassiers de la Garde.

71 — Giberne de Grenadiers de la Garde. Second Empire.

72 — Giberne de la Gendarmerie Impériale. Second Empire.

73 — Coffret de giberne, Artillerie de la Garde. Second Empire.

74 — Deux coffrets de gibernes, Escadron du train. Second Empire.

75 — Trois coffrets de gibernes, Dragons et Lanciers de la Garde. Second Empire.

76 — Giberne de Hussards avec banderole porte-mousqueton.

77 — Gibernes omises.

ÉQUIPEMENT — HARNACHEMENT

78 — Trois paires d'épaulettes et aiguillettes de Cent-Gardes.

79 — Aiguillettes or fin et soie. Livrée de la maison de l'Empereur.

80 — Ceinturon d'Officier de Lanciers de la Garde, grande tenue.

81 — Lot de cordons de schakos, fourragères.

82 — Schabraque de Carabiniers de la Garde.

83 — Schabraque de Lanciers de la Garde.

84 — Schabraque et couvre-fontes de Cent-Gardes.

85 — Porte-manteau d'Artillerie de la Garde.

86 — Plumets, carottes, pompons.

87 — Epaulettes d'Officiers et de troupe.

88 — Ceinturon de Lanciers de la Garde.

89 — Ceinturon de Cuirassiers de la Garde.

90 — Tablier de Sapeur de la Gendarmerie Impériale.

91 — Ceinturon de Carabiniers.

92 — Banderole de giberne d'Officier des Guides.

93 — Ceinturon d'Officier supérieur, brodé or sur velours violet, plaque dorée et ciselée.

94 — Epaulettes d'Officier supérieur, en or, brodées, pièces d'exposition.

95 — Glands or et autres pièces de passementerie, pièces d'exposition.

96 — Pièces d'équipement omises.

97 — Pièces d'harnachement omises.

98 — Bride et accessoires, travail oriental, broderies sur cuir.

DOCUMENTS

99 — Huit volumes reliés « Journal Officiel », de mars à décembre 1871.

100 — Deux volumes « Droit », par ROGRON, 1863.

101 — Collection du Journal Militaire avec planches, environ 150 volumes.

102 — Volumes par lots.

103 — Estampes.

104 — Gravures anciennes et modernes.

105 — Autographes.

106 — Documents divers.

OBJETS DIVERS

107 — Baudrier, ceinturon et épaulettes de Tambour-
Major du 43ᵉ d'infanterie de ligne, 1855-1870.

*Ont été exposés au Ministère de la Guerre en 1889,
et figurent dans l'ouvrage du général Thoumas.*

108 — Baril de vivandière, banderole et coussinet ayant
appartenu à Mme Leblanc, cantinière au 1ᵉʳ Grenadiers de la Garde. Second Empire.

109 — Baril de vivandière. Artillerie.

110 — Tunique de Cent-Gardes.

111 — Bottes de Cent-Gardes.

112 — Gants de Cent-Gardes.

113 — Culotte de Cent-Gardes.

114 — Canne de Tambour maître.

115 — Habit de Voltigeurs, 1858.

116 — Dolman de Guides. Second Empire.

117 — Deux tambours dont un des Zouaves de la Garde.

118 — Quatre mannequins (taille d'adulte), en vitrine,
représentant :
Un Général, en grande tenue, Louis Philippe.
Un Colonel d'infanterie de ligne, Louis Philippe.

*Ces deux mannequins ont figuré à l'Exposition
Universelle de 1855.*

Un Colonel de Cuirassiers de ligne. Second Empire.
Un Colonel de Lanciers de ligne. Second Empire.

Ces deux derniers ont figuré à l'Exposition de 1867.

119 — Plat étain représentant des scènes religieuses et combats.

120 — Biscuit : buste de Napoléon III.

121 — Plusieurs sujets bronze.

122 — Cuivrerie.

123 — Boucle de ceinturon de Cent-Gardes.

124 — Lots de costumes civils et militaires.

125 — Sous ce numéro seront vendus les objets omis au présent catalogue.

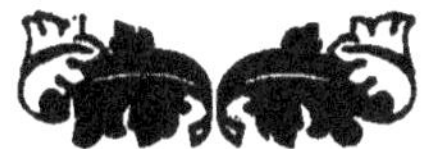

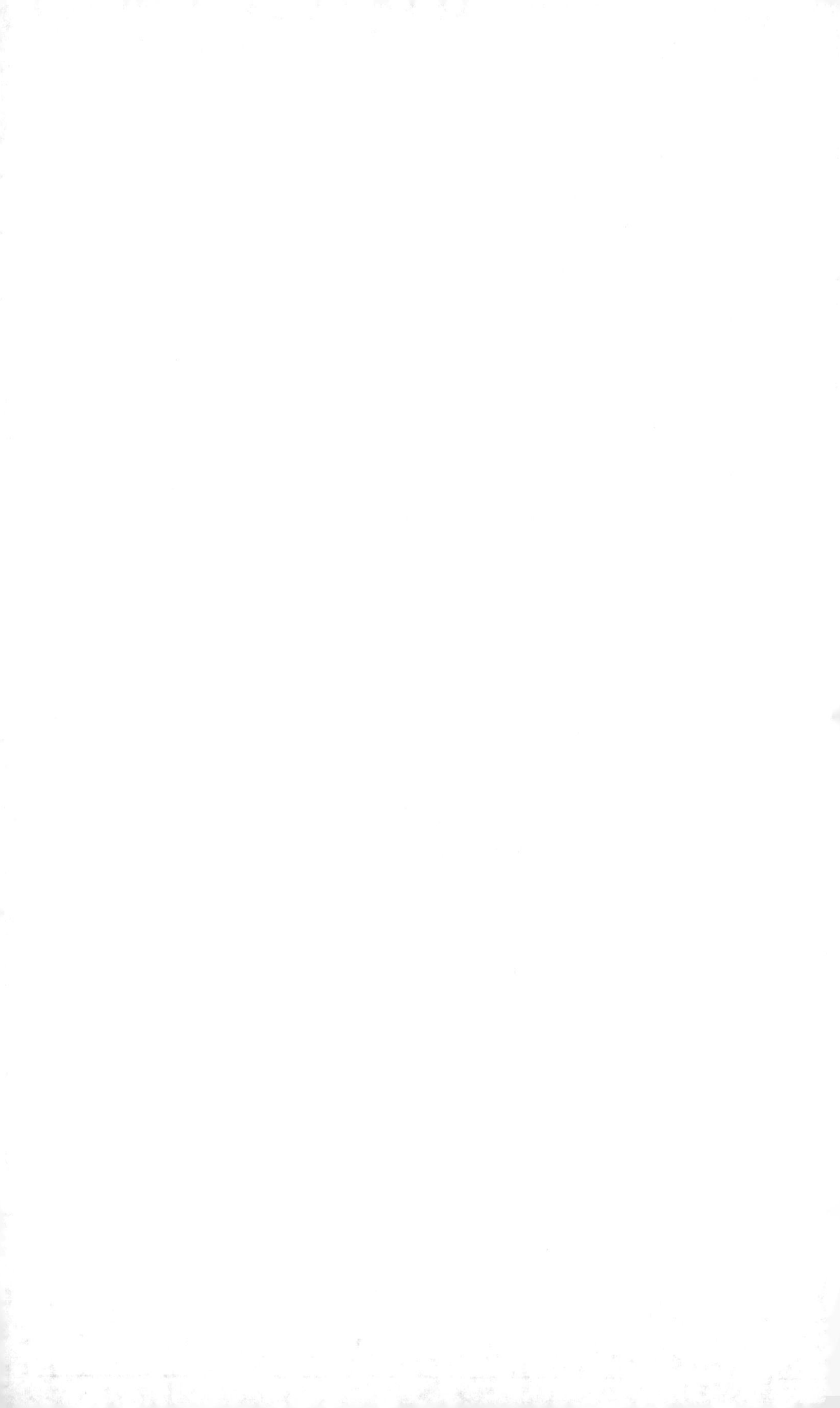